S0-BBD-917

WEEKLY WR READER
EARLY LEARNING LIBRARY

My Day at School/
Mi día en la escuela

# Going to School/
# De camino a la escuela

by/por Joanne Mattern

Reading consultant/Consultora de lectura:
Susan Nations, M.Ed.,
author, literacy coach,
consultant in literacy development/
autora, tutora de alfabetización,
consultora de desarrollo de la lectura

**Please visit our web site at: www.garethstevens.com**
**For a free color catalog describing Weekly Reader® Early Learning Library's list**
**of high-quality books, call 1-877-445-5824 (USA) or 1-800-387-3178 (Canada).**
**Weekly Reader® Early Learning Library's fax: (414) 336-0164.**

Library of Congress Cataloging-in-Publication Data

Mattern, Joanne, 1963-
    [Going to school. Spanish & English]
    Going to school = De camino a la escuela / by/por Joanne Mattern
      p. cm. — (My day at school = Mi día en la escuela)
    Includes bibliographical references and index.
    ISBN-10: 0-8368-7360-2 — ISBN-13: 978-0-8368-7360-3 (lib. bdg.)
    ISBN-10: 0-8368-7367-X — ISBN-13: 978-0-8368-7367-2 (softcover)
    1. School children—Transportation—Juvenile literature.   2. School children—Juvenile literature.
  I. Title.  II. Title: De camino a la escuela.  III. Series: Mattern, Joanne, 1963- My day at school.
  LB2864.M3518   2007
  371.8'72—dc22                                           2006017292

This edition first published in 2007 by
**Weekly Reader® Early Learning Library**
A Member of the WRC Media Family of Companies
330 West Olive Street, Suite 100
Milwaukee, WI 53212 USA

Copyright © 2007 by Weekly Reader® Early Learning Library

Editor: Barbara Kiely Miller
Art direction: Tammy West
Cover design and page layout: Kami Strunsee
Picture research: Diane Laska-Swanke
Photographer: Gregg Andersen
Translators: Tatiana Acosta and Guillermo Gutiérrez

Printed in the United States of America

1 2 3 4 5 6 7 8 9 10 09 08 07 06

## Note to Educators and Parents

Reading is such an exciting adventure for young children! They are beginning to integrate their oral language skills with written language. To encourage children along the path to early literacy, books must be colorful, engaging, and interesting; they should invite the young reader to explore both the print and the pictures.

The *My Day at School* series is designed to help young readers review the routines and rules of a school day, while learning new vocabulary and strengthening their reading comprehension. In simple, easy-to-read language, each book follows a child through part of a typical school day.

Each book is specially designed to support the young reader in the reading process. The familiar topics are appealing to young children and invite them to read — and re-read — again and again. The full-color photographs and enhanced text further support the student during the reading process.

In addition to serving as wonderful picture books in schools, libraries, homes, and other places where children learn to love reading, these books are specifically intended to be read within an instructional guided reading group. This small group setting allows beginning readers to work with a fluent adult model as they make meaning from the text. After children develop fluency with the text and content, the book can be read independently. Children and adults alike will find these books supportive, engaging, and fun!

— Susan Nations, M.Ed., author, literacy coach,
and consultant in literacy development

## Nota para los maestros y los padres

¡Leer es una aventura tan emocionante para los niños pequeños! A esta edad están comenzando a integrar su manejo del lenguaje oral con el lenguaje escrito. Para animar a los niños en el camino de la lectura incipiente, los libros deben ser coloridos, estimulantes e interesantes; deben invitar a los jóvenes lectores a explorar la letra impresa y las ilustraciones.

La serie *Mi día en la escuela* está pensada para ayudar a los jóvenes lectores a repasar las actividades y normas de un día de escuela, mientras enriquecen su vocabulario y refuerzan su comprensión. Cada libro presenta, en un lenguaje sencillo y fácil de entender, las actividades de un niño durante parte de un típico día escolar.

Cada libro está especialmente diseñado para ayudar al joven lector en el proceso de lectura. Los temas familiares llaman la atención de los niños y los invitan a leer —y releer— una y otra vez. Las fotografías a todo color y el tamaño de la letra ayudan aún más al estudiante en el proceso de lectura.

Además de servir como maravillosos libros ilustrados en escuelas, bibliotecas, hogares y otros lugares donde los niños aprenden a amar la lectura, estos libros han sido especialmente concebidos para ser leídos en un grupo de lectura guiada. Este contexto permite que los lectores incipientes trabajen con un adulto que domina la lectura mientras van determinando el significado del texto. Una vez que los niños dominan el texto y el contenido, el libro puede ser leído de manera independiente. ¡Estos libros les resultarán útiles, estimulantes y divertidos a niños y a adultos por igual!

— Susan Nations, M.Ed., autora/tutora de alfabetización/
consultora de desarrollo de la lectura

I walk to school. My dad walks with me.

------------

Voy caminando a la escuela. Mi papá viene conmigo.

We are careful when we come to a **corner**. We look both ways before we cross the street.

- - - - - - - - - - - - - - - -

Cuando llegamos a una **esquina**, tenemos cuidado. Miramos a los dos lados antes de cruzar la calle.

I meet some friends on the way to school. They walk to school, too.

——————————————

De camino a la escuela me encuentro con algunos amigos. Ellos también van caminando.

This corner has a **crossing guard**. She tells us when it is safe to cross the street.

---

Esta esquina tiene una **guarda de cruce**. Ella nos dice cuándo podemos cruzar sin peligro.

**11**

This boy is riding a skateboard.

What a fun way to go to school!

- - - - - - - - - - - - - - -

Este chico va en una patineta.

¡Qué manera tan divertida de

ir a la escuela!

Some kids ride bikes to school.
Dad says I can ride my bike to
school when I am older.

-------------------------

Algunos chicos van en bicicleta
a la escuela.  Papá dice que
podré ir en bicicleta a la escuela
cuando sea mayor.

Some moms and dads **drive** their children to school.

--- --- --- --- --- --- --- --- --- --- ---

Algunos padres **manejan** para llevar en auto a sus hijos a la escuela.

Lots of children ride the bus to school. They live too far away to walk.

— — — — — — — — — — — — — —

Muchos chicos van a la escuela en el autobús escolar. Viven demasiado lejos para ir caminando.

There are many ways to get to school. But we all have to be here when the bell rings!

- - - - - - - - - - - - -

Hay muchas maneras de ir a la escuela. ¡Pero todos tenemos que estar ahí cuando suena la campana!

# Glossary

**corner** — the place where two streets meet

**crossing guard** — a person who stops traffic and helps children cross a street safely

**drive** — to give someone a ride in a car; to work a car

**skateboard** — a short board with small wheels on the bottom, that a rider stands on.  The rider rolls forward by pushing on the ground with one foot.

# Glosario

**esquina** — lugar donde se encuentran dos calles

**guarda de cruce** — persona que detiene el tráfico y ayuda a los niños a atravesar la calle sin peligro

**manejar** — llevar un auto

**patineta** — tabla corta con ruedas pequeñas en la parte inferior sobre la que uno se pone de pie.  Para avanzar, se empuja en el suelo con un pie.

# For More Information/Más información

## Books

*Crossing Guard.*  People in My Community (series).
   JoAnn Early Macken  (Gareth Stevens)

*My School Bus: A Book About School Bus Safety.*
   My World (series).  Heather L. Feldman (PowerKids Press)

*Safety at School.*  Safety First (series).  Joanne Mattern
   (Checkerboard Books)

## Libros

*Choferes de autobuses escolares.*  Servidores comunitarios
   (series).  Dee Ready (Capstone Press)

*Crossing Guard/El guardia de cruce.*  People in My Community/
   La gente de mi comunidad (series).  JoAnn Early Macken
   (Gareth Stevens)

# Index

# Índice

## About the Author

**Joanne Mattern** has written more than one hundred and fifty books for children.  Joanne also works in her local library.  She lives in New York State with her husband, three daughters, and assorted pets.  She enjoys animals, music, going to baseball games, reading, and visiting schools to talk about her books.

## Información sobre la autora

**Joanne Mattern** ha escrito más de ciento cincuenta libros para niños. Además, Joanne trabaja en la biblioteca de su comunidad.  Vive en el estado de Nueva York con su esposo, sus tres hijas y varias mascotas. A Joanne le gustan los animales, la música, ir al béisbol, leer y hacer visitas a las escuelas para hablar de sus libros.